MESSÉNIENNES

ET

POÉSIES DIVERSES.

MESSÉNIENNES

ET

POÉSIES DIVERSES,

PAR M. CASIMIR DELAVIGNE.

ONZIÈME ÉDITION.

TOME SECOND.

A PARIS,

CHEZ LADVOCAT.

LIBRAIRE DE SON ALTESSE SÉRÉNISSIME
MONSEIGNEUR LE DUC DE CHARTRES.

M DCCC XXIV.

LIVRE SECOND.

DISCOURS EN VERS.

LA DÉCOUVERTE
DE LA VACCINE,
DISCOURS EN VERS.

LA DÉCOUVERTE

DE LA VACCINE,

DISCOURS EN VERS.

Quels titres n'ont-ils pas à l'amour des humains,
Ces mortels inspirés, dont les savantes mains
Pour nous de la nature ont percé les mystères,
Dans des cercles connus ont fait rouler les sphères,
Et, sondant l'infini, peuplé ses profondeurs

D'immobiles clartés et de feux voyageurs ?
Leur sublime génie, à travers les nuages,
Osa ravir aux cieux le secret des orages;
A l'aide du cristal en prisme façonné,
Divisa les rayons du soleil étonné;
Expliqua des couleurs les brillans phénomènes,
Et de notre pensée agrandit les domaines.
Mais reculer l'instant qui nous plonge au tombeau,
Des misères de l'homme alléger le fardeau,
Détruire sans retour ce mal héréditaire
Que l'Arabe a transmis au reste de la terre*,
Qui, trop souvent mortel, toujours contagieux,

---

* On sait que les soldats d'Omar apportèrent la petite vérole en Égypte, d'où elle se répandit dans le reste du monde.

D'une lèpre inconnue a frappé nos aïeux,
Qui n'épargne le rang, ni le sexe, ni l'âge,
C'est le plus beau laurier dont se couronne un sage.

Quelquefois le hasard nous prête son flambeau,
Pour éclairer nos pas dans un sentier nouveau.

Au fond du Glocester, dont les vertes campagnes
Nourrissent des taureaux les utiles compagnes,
Jenner opposait l'art à ce fléau cruel,
Tribut que la naissance impose à tout mortel.
Ses bienfaisantes mains prévenaient la nature,
Et, déposant au sein d'une heureuse blessure
Du poison éprouvé le germe moins fatal,

Transmettaient à la fois le remède et le mal *.
C'est ainsi qu'avant nous les peuples de l'Asie
Préservaient ces beautés, trésors de Circassie,
Qu'un avide intérêt, par ce triste secours,
Aux ennuis du sérail condamnait pour toujours.

Mais c'est peu d'arrêter le torrent dans sa course,
Et Jenner plus heureux en doit tarir la source.
Le bien dans tous les arts n'est qu'un pas vers le mieux.
Tandis que dans Berkley ses loisirs studieux
Contemplent les troupeaux des fécondes génisses,
D'un mal, qui le surprend, les fraîches cicatrices,

---

* Jenner inoculait à Berkley, lorsqu'il découvrit la vaccine.

Ont fixé tout à coup ses yeux observateurs.
« Quelquefois, lui dit-on, de malignes humeurs
« S'arrêtent sous les chairs de la mamelle ardente.
« Le trayon douloureux que la fièvre tourmente,
« Hérissé de tumeurs, couvert d'un pâle azur,
« Prodigue moins les flots de son lait encor pur*,
« Et pressé par les doigts du berger trop avide,
« Distille goutte à goutte une liqueur limpide**.
« Ces venins pénétrans empoisonnent la main
« Qui brise leur prison et leur ouvre un chemin;
« Mais sitôt qu'un pasteur en a senti l'atteinte,
« Il n'est plus tourmenté par la commune crainte:

* Le lait moins abondant n'éprouve aucune altération.

** La limpidité est un des caractères principaux qui distinguent le bon vaccin. (Husson.)

« Le fléau dont vos soins viennent purger ces lieux,
« Émousse contre lui ses traits contagieux. »

Jenner entend ces mots, et sa route est tracée.
Il marche, il touche au but que poursuit sa pensée.
Par le fer délicat dont il arme ses doigts,
Le bras d'un jeune enfant est effleuré trois fois.
Des utiles poisons d'une mamelle impure,
Il infecte avec art cette triple piqûre.
Autour d'elle s'allume un cercle fugitif.
Le remède nouveau dort long-tems inactif.
Le quatrième jour a commencé d'éclore,
Et la chair par degrés se gonfle et se colore.
La tumeur en croissant de pourpre se revêt,
S'arrondit à la base et se creuse au sommet.

Un cercle plus vermeil de ses feux l'environne ;
D'une écaille d'argent l'épaisseur la couronne ;
Plus mûre, elle est dorée, elle s'ouvre, et soudain
Délivre la liqueur captive dans son sein.
Puisez le germe heureux dans sa fraîcheur première,
Quand le soleil cinq fois a fourni sa carrière.
Si la douzième nuit a commencé son cours,
Souvent il offrira d'infidèles secours.
A peine les accès d'une fièvre légère
Accompagnent les pas de ce mal volontaire,
Et l'ennemi secret par lui seul combattu,
Chassé de veine en veine, expire sans vertu.

O triomphe immortel dans les fastes du monde !
Beauté, fille des cieux, toi dont la main féconde
Se plait à varier ses trésors enchanteurs,

Joint la forme élégante à l'éclat des couleurs,
Imprime au front de l'homme une mâle noblesse,
Et d'un sexe adoré fait régner la faiblesse;
Premier lien des cœurs et volupté des yeux,
Beauté, toi dont l'éclat sur des traits gracieux,
Détruit avant le tems, passait comme un sourire,
Nous pourrons désormais prolonger ton empire.

Mais le bruit du prodige à Londres se répand.
Recueilli dans la plaie, un philtre bienfaisant,
Fixé sur des tissus, prisonnier sous le verre,
Sans perdre son pouvoir traverse l'Angleterre.
Pour Jenner chaque épreuve est un succès nouveau.
Vainqueur, devant ses pas il chasse le fléau.
En vain dans ses fureurs une ignorance altière,
Un bandeau sur les yeux, insulte à la lumière;

Le fanatisme, en vain contre lui déclaré,
Environne l'erreur de son rempart sacré ;
Où règne la raison, l'erreur est sans défense :
L'Angleterre examine, approuve et récompense.
L'Anglais, né libre et fier, aime la vérité ;
Il la cherche, il la trouve, il marche à sa clarté.
Estimé des Français, il leur doit son estime ;
Mais avare en tout tems d'un tribut légitime,
Sans accorder l'éloge, il le veut obtenir.
Rivaux, si l'intérêt a pu nous désunir,
La justice en nos cœurs ne dut jamais s'éteindre :
Deux grandes nations s'admirent sans se craindre !

Voyez loin d'Albion ces Anglais courageux,
A travers les écueils, sur les flots orageux,
Du secret de Jenner propageant les merveilles,

Semer sur d'autres bords l'heureux fruit de ses veilles.
Fendez le sein des mers, hardis navigateurs !
Les autans enchaînés suspendent leurs fureurs ;
Un dieu veille sur vous, un dieu doit vous conduire.
Abandonnez la voile au souffle du zéphire,
Le ciel est pur, la nuit prodigue ses flambeaux,
Et les sœurs de Thétis entraînent vos vaisseaux !
Déjà vous atteignez, par delà le tropique,
Le vaste continent que baigne l'Atlantique.
Le vaccin voyageur parcourt ces bords lointains
Où le moka doré mûrit pour nos festins,
Et ces vallons peuplés de jeunes bayadères,
Dont Madras a tissu les parures légères.
Il pénètre à Bagdad, aux murs de Bassora
Que le myrte enrichit des larmes de Myrrha,
Dans ces champs, où de loin le voyageur admire

Quelques débris épars des grandeurs de Palmire,
Aux lieux où Constantin a fondé ses remparts,
Et sous le ciel glacé de l'empire des Czars.

Mais volons sur ses pas aux rives de la France.
Le bruit de ses bienfaits vainement le devance;
La folle confiance, aux regards effarés,
Adopte les récits par l'effroi consacrés.
Des crimes de Jenner quelle absurde chronique!
L'un croit trouver la mort dans ce philtre magique;
L'autre croit voir sa fille, errante aux pieds des monts,
Fouler, nouvelle Io, le thym et les gazons*;

---

* Quelques habitans de la campagne, même dans les environs de Paris, ont poussé la folie jusqu'à croire que le vaccin pouvait leur faire prendre la forme de l'animal qui le fournit.

Et chacun, s'obstinant dans l'erreur qui l'obsède,
Veut expirer du mal, par la peur du remède.
Un plus hardi paraît, et seul mieux inspiré,
Hasarde un premier pas trop long-tems différé.
Son audace est heureuse, un autre se rassure;
Un troisième après lui veut tenter l'aventure.
Chaque jour est marqué par de nombreux essais :
Paris donne l'exemple au reste des Français;
Aux leçons de Paris la province est docile,
Et bientôt le village ose imiter la ville.

Loin du toit fastueux par le riche habité,
J'ai vu dans les hameaux la sainte humanité,
A des travaux pieux consacrant ses lumières,
De la contagion affranchir les chaumières.

Quand sous l'humble clocher du temple villageois,
L'airain qui frappe l'heure avait frémi deux fois,
Vêtu, comme aux beaux jours, de sa blanche tunique,
Le chantre précédé d'un tambour pacifique,
Du docteur redouté proclamait le retour;
Femmes, enfans, vieillards se pressent à l'entour.
Ce mortel si terrible à leurs yeux se présente.
Ses regards paternels dissipent l'épouvante,
Il rassure la mère, il sourit aux enfans,
Il prédit au vieillard qu'il doit vivre cent ans.
Sous le chaume bientôt la foule se rassemble;
On entre, on est assis, de nouveau chacun tremble.
Ils répondent par ordre à l'appel du pasteur;
Une bourse à la main, de loin le bon docteur
Montre au plus intrépide un prix de sa vaillance;
Le magister sourit d'un air de défiance,

Et les traces d'un mal, qu'il a trop mérité,
Ont gravé sur son front son incrédulité.
L'instant fatal approche ; il faut qu'on se décide....
Des assistans nombreux quel est le moins timide ?
Qu'il se signale ! Il vient ; tous au fer menaçant
Vont offrir tour à tour un bras obéissant.
Debout au milieu d'eux, le Nestor du village
Tout bas par ses discours affermit leur courage.
Une mère l'écoute, et les pleurs dans les yeux,
Inquiète, à son fils adresse ses adieux,
Le présente au docteur et soudain le retire,
Puis le présente encor, se détourne et soupire.
L'un affecte un grand cœur que son trouble dément ;
L'autre rougit, pâlit et pleure franchement ;
Leur voisin en héros affronte la piqûre,
Après ce bel exploit, plus fier de sa blessure,

Qu'un vieux soldat français mourant pour son pays
Dans les champs de Rocroi, de Lens ou d'Austerlitz.

Cependant à regret leur bienfaiteur les quitte.
Quelques jours écoulés, un soir il les visite.
Ce n'est plus la terreur qu'il fait naître aujourd'hui :
Ses malades charmés sautent autour de lui ;
Le plus jeune d'entre eux l'embrasse et le caresse ;
Leurs visages vermeils respirent l'alégresse ;
Ils devancent ses pas d'un air leste et dispos.
Leurs complimens naïfs, leurs aimables propos,
La verdeur des vieillards, la fraîcheur de leurs filles,
La joie et la santé de toutes les familles,
Attestent le pouvoir d'un art libérateur,
Et tous, sans le connaître, en bénissent l'auteur.

Adopte ce bienfait, ô France ! ô ma patrie !
Après tant de revers qui ne t'ont pas flétrie,
En dépit des vainqueurs, forcés de t'admirer,
Quel beau siècle pour toi semble se préparer !
Je vois de toutes parts une race nouvelle
S'élever dans ton sein plus nombreuse et plus belle.
La nature vaincue en respecte la fleur.
Plus tard étincelans de grâce et de vigueur,
Ces jeunes nourrissons peuplent tes champs fertiles ;
Laboureurs au village, artisans dans les villes,
Par l'équité sévère armés du fer des lois,
Admis à la tribune à discuter nos droits,
Ardens, prêts à donner tous les trésors de l'Inde,
Pour les lauriers de Mars ou les palmes du Pinde !
Croissez, nobles enfans, l'espoir du nom français ;
Par la guerre illustrés, soyez grands dans la paix.

Si quelque roi jaloux insulte à votre gloire,
Couronnez votre front d'une double victoire :
Régnez par les beaux-arts sur ses peuples soumis,
Et soyez sans rivaux comme sans ennemis.

DISCOURS

D'OUVERTURE

DU SECOND THÉATRE FRANÇAIS.

Devéria del.t — Burdet sc.

GALILÉE INDIGNÉ CHANGE L'ORDRE DES CIEUX.

. . . .

N'A-T-IL PAS EXPIÉ PAR TROIS ANS DE PRISON
L'INEXCUSABLE TORT D'AVOIR TROP TÔT RAISON.

PUBLIÉ PAR LADVOCAT, DÉCEMBRE 1823.

DISCOURS

D'OUVERTURE

DU SECOND THÉATRE FRANÇAIS.*

De ce triple salut ne prenez point d'ombrage ;
Je ne viens point, porteur d'un sinistre message,
Annoncer en tremblant qu'un Grec ou qu'un Romain
Ce soir donne à l'affiche un démenti soudain ;
Qu'Oreste, moins zélé pour une amante ingrate,
Renonce à conspirer par ordre d'Hippocrate,
Ou que le roi des rois désertant ses états,
S'est enfui pour Bordeaux sans réveiller Arcas ;
Nous avons su trouver, loin des sentiers vulgaires,

* Ce discours fut prononcé le 23 octobre 1819.

Trop heureux si, glanant où leur foule moissonne,
Nous ramassons les brins tombés de leur couronne;
Plus heureux si, par zèle, artistes casaniers,
Nous pouvons sous vos yeux cueillir tous nos lauriers.
Vous, cependant, vous tous, qu'un amour idolâtre
Enflamme noblement pour les jeux du théâtre,
Dirigez sans rigueur nos efforts incertains;
Soyez nos protecteurs, traitez-nous en voisins,
Vous, disciples d'un dieu que plaisanta Molière,
Et songez qu'Apollon d'Esculape est le père.
Vous aussi, de Thémis généreux nourrissons,
Reposez-vous ici de ses doctes leçons.
Puisse une ample récolte ombrager sur ces rives
Le front de nos caissiers de palmes lucratives!
Puissiez-vous, chaque hiver, braver les aquilons
Contre un sexe craintif déchaînés sur les ponts!

Puissent les doux bravos caresser notre oreille!
Puissions-nous voir l'auteur représenté la veille,
Saluant son ouvrage, à la porte annoncé,
Sortir tout radieux de n'être point placé!
Comblez ce temple heureux de dépouilles opimes;
Mais allez dans quelqu'autre immoler vos victimes.
Hélas! j'ai vu nos dieux abandonnés, proscrits,
Et ce vide effrayant frappe encor mes esprits.
Alors, de l'Odéon le long pélerinage
Étonnait un fidèle et troublait son courage.
Si quelques voyageurs, nés au quartier d'Antin,
Découvraient l'Odéon dans ce désert lointain,
Ils l'admiraient, frappés de respect et de crainte,
Comme un vieux monument d'Athène ou de Corinthe,
Et rentraient dans Paris, sans risquer un écu,
Pour voir les naturels de ce pays perdu.

Voilà, voilà, Messieurs, l'effrayante chronique
Qu'on tourne à nos dépens en récit prophétique,
Éternel entretien de l'amateur glacé
Qui lit notre avenir écrit dans le passé.
Voilà les souvenirs dont s'armait la censure,
Durant les longs travaux de notre architecture.
Pourquoi sont-ils passés ces tems, ces heureux tems,
Où les murs s'élevaient au son des instrumens,
Où les rochers émus cédaient à l'harmonie
Des Lafont, des Duport de la Mythologie?
Thalie eût emprunté, pour bâtir son palais,
Notre orchestre... ou celui du Théâtre-Français,
Et nous eût épargné les sinistres augures
Qu'ont rendus contre nous les cent voix des brochures.

Deux théâtres! dit-on; mais le seul existant,

Faute d'appuis nouveaux, ne marche qu'en boîtant.
Eh! Messieurs, partagez le champ le plus stérile:
Un seul le négligeait, deux le rendront fertile.
Les talens sont les fruits de la rivalité:
Souvent un fils unique est un enfant gâté.

Que n'a-t-il pas produit ce siècle de miracles,
Où le Pinde français a rendu ses oracles?
Mais, illustrés par lui, deux théâtres rivaux
Luttaient dans la carrière ouverte à ses travaux.
De Racine au combat l'un suivait la bannière,
L'autre avait arboré l'étendard de Molière,
Et l'auteur immortel du Cid et du Menteur
Versait sur les deux camps son éclat créateur.
Du zèle et des succès le public tributaire
Portait de l'un à l'autre un appui volontaire;

Et, fidèle au talent qui charmait son loisir,
N'embrassait de parti que celui du plaisir.

Quand l'astre de Ferney n'éclaira plus la scène,
Il laissa dans la nuit Thalie et Melpomène;
Mais la rivalité, divisant leurs sujets,
Du jour qui n'était plus nous rendit les reflets.
Fabre prêtait alors à la muse comique
La mordante âpreté de sa verve caustique;
Sur les pas de Chénier, Legouvé prit l'essor;
Cet aimable Collin, que Paris pleure encor,
Par l'abandon naïf de sa facile veine,
Mérita le surnom qu'ennoblit La Fontaine;
Ducis nous attendrit pour d'illustres malheurs,
Ducis, dont l'art sublime éveillait nos terreurs,
Inspiré par Shakespear qu'il imitait en maître,

Égala Crébillon, le surpassa peut-être.
Caïn aux spectateurs retraçait sur ces bords
L'horreur du premier crime et des premiers remords,
Tout près du Luxembourg, le Vieux Célibataire,
Sous les traits de Molé, captivait le parterre;
De Marius aux fers la sombre majesté
Désarmait d'un regard le Cimbre épouvanté;
Cependant qu'Othello, Polynice et son père,
Fénélon et Boulen, et Macbeth et Fougère,
Du bruit, toujours croissant, de leurs brillans destins,
Fatiguaient les échos des bords ultrapontains.

Quelque splendeur alors couronna nos poëtes;
Mais n'ont-ils pas trouvé de dignes interprètes?
Contat, Caumont, Raucourt, Sainval et Dugazon,
Laissaient-ils au besoin les enfans d'Apollon?

Fleuri, dont ce théâtre a gardé la mémoire,
Survit à nos plaisirs sans survivre à sa gloire.
Saint-Prix, digne héritier du sceptre de Brizard,
A des collatéraux vient de léguer son art;
Mais Paris se console en écoutant Oreste,
Et rit de deux jours l'un : Célimène lui reste.

Si la rivalité fut féconde en succès,
Pourquoi désespérer de ses nouveaux essais?
Un moment, chaque soir, ce combat dramatique
Ne peut-il dérider la sombre politique?
Animant de la voix deux empires jumeaux,
La grave déité qui préside aux journaux
Ne peut-elle au budget dérober une page,
Pour peser les destins de Rome et de Carthage?
Plus d'un guerrier captif, et long-tems sans espoir,

S'apprête à secouer la poudre d'un tiroir ;
Plus d'un prince, indécis entre les deux frontières,
N'attend que nos succès pour franchir nos barrières.
Venez, tristes héros, nos bras vous sont ouverts ;
Affrontez parmi nous des flots souvent amers.
Le Permesse à la fin est pour vous navigable,
Et vous n'attendrez plus comme une ombre insolvable
Qui, suppliant Caron de la prendre au rabais,
Errait au bord du Styx sans le passer jamais !
Notre esquif lève l'ancre et va braver l'orage ;
Mais c'est peu d'un esquif, il faut un équipage.
Que le nôtre à former nous a coûté d'efforts !
Nous avons parcouru la province et ses ports,
Dépeuplé la Belgique, et du Conservatoire
Appelé dans nos rangs et l'élite et la gloire.
Si nous vous présentons quelques heureux talens,

Pardonnez des écarts à leurs nobles élans.
Faut-il rejeter l'or pour un peu d'alliage?
Que son éclat plus pur devienne votre ouvrage.
Songez qu'avec le tems le bien se change en mieux;
Que le plus beau talent ne prend que sous vos yeux
Ce goût, cette nature élégante et fidèle,
Ce bon ton dont Moncade emporta le modèle,
Que le Garrick français s'éleva par degré
Aux célestes transports de Joad inspiré;
Qu'enfin d'un geste vrai la muette éloquence
Est fille d'Apollon... et de la Patience.

Ce propos me rappelle un conte d'autrefois;
Veuillez l'entendre : Ésope en faisait même aux rois.
Les rois, vous le savez, sont des dieux sur la terre,
Et ce qu'on dit aux dieux peut se dire au parterre.

« Dans un pays que je ne nomme point,
Pays des arts, du goût, de l'élégance,
(Il est, je crois, de votre connaissance,)
Était un parc admirable en tout point.
Chose bizarre : une seule avenue
Le traversait dans sa vaste étendue.
Là s'assemblaient gens de cour et bourgeois;
Juge, avocat, militaire, coquette,
S'y délassaient du soin de leurs emplois,
Ou des travaux d'une longue toilette.
Les orangers parfumaient ces beaux lieux;
On y rêvait au doux bruit des fontaines.
Quels gazons frais! quels sons mélodieux!
Les rossignols y chantaient par centaines
Toute l'année... hormis deux ou trois mois,
Où ces messieurs prenaient tous leur volée,

Couraient les champs, et laissaient dans l'allée
D'autres oiseaux, lesquels étaient sans voix.
A leur retour, la foule consolée
Dans l'avenue oubliait ses ennuis;
On s'y portait: c'était la mode; et puis...
C'était la seule. Un bon vieillard, un sage
Dit: Mais pourquoi ne pas en avoir deux?
Soudain on plante, on se hâte, et l'ouvrage
Va lentement; alors c'était l'usage.
La promenade ouverte aux curieux,
Tout le monde entre, et d'abord la Critique.
Sur les défauts chaque passant s'explique.
Qui n'a les siens? C'est bien, s'écriait-on;
Mais peu de fleurs! mais des arbres sans ombre;
Les rossignols n'y sont pas en grand nombre!
Des fruits, pas un! A peine du gazon.

Oh ! l'autre allée aura la préférence ;
Elle a la mienne , et j'y cours... Patience ,
Dit le vieillard , qui parlait de bon sens ;
Juger trop vite à l'erreur nous entraîne.
Est-ce en deux jours que le gland devient chêne ?
Laissez grandir ces arbustes naissans ,
Ils donneront du frais et de l'ombrage.
Prodiguez l'onde aux gazons délicats ,
Et leur duvet s'étendra sous vos pas.
Encouragez les chantres du bocage ,
Les rossignols , épars sur les rameaux ,
Verront près d'eux s'élever des rivaux ;
Leur foule un jour couvrira ce feuillage ,
Vous charmera de chants toujours nouveaux.
Toute l'année ils vous seront fidèles...
On prendra soin de leur couper les ailes.

Laissez aux fleurs le tems de s'entr'ouvrir,
Et leurs couleurs n'en seront que plus belles.
Vienne l'automne, et les fruits vont mûrir.
Achetez donc par un peu d'indulgence
Double avenue et double jouissance. »

Suivit-on ce conseil? ce conseil fut-il vain?
Le mot de cette énigme au compliment prochain.

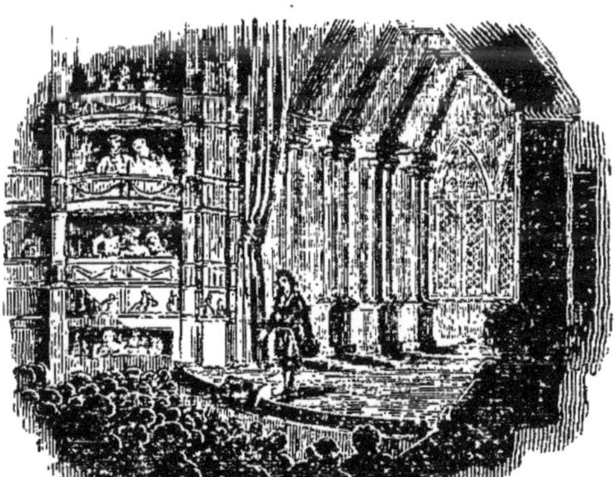

DISCOURS

D'INAUGURATION

POUR L'OUVERTURE

DU THÉATRE DU HAVRE.

DISCOURS

D'INAUGURATION

POUR LE THÉATRE DU HAVRE. *

Consacré par vos soins aux neuf sœurs de la fable,
Enfin il est debout ce temple interminable,
Qui, de ses fondemens sortant avec lenteur,
Long-tems d'un vain espoir flatta le spectateur,
Comme un chêne encor nain promet, à fleur de terre,
D'ombrager les neveux de son propriétaire.

---

* Ce théâtre a été ouvert le 25 août 1823. L'auteur est né au Hâvre.

Pour nous il s'est levé ce jour terrible et doux,
Ce jour qui tant de fois recula devant nous;
Aux torrens du public enfin la porte s'ouvre,
Et sur vos bords aussi le génie a son Louvre.
Le parterre l'admire, étonné de s'asseoir
Sous un soleil nouveau qui s'allume le soir;
Il en peut comtempler la colonnade ovale,
De celle de PERRAULT très modeste rivale,
Les degrés somptueux et les foyers ouverts
Sur vos bassins chargés de pavillons divers.

L'armateur satisfait, pour prix de ses largesses,
Peut du sein des plaisirs calculer ses richesses,
Et dans ces lacs profonds, creusés pour son comptoir,
Voit d'un gain assuré se balancer l'espoir.
Tourne-t-il ses regards vers la scène mobile!

Une forêt qui fuit lui découvre une ville;
C'est là que Cicéri, dont les heureux pinceaux
Font frémir le feuillage et couler les ruisseaux,
A suspendu pour vous les tentes de l'Aulide,
Vous égare avec lui dans les jardins d'Armide,
Vous offre tour à tour le Caire et ses bazars,
La prison de Warvick, le palais des Césars,
Le temple de Vesta, le bosquet de Joconde,
Et vous donne en peinture un abrégé du monde.

Pour enchanter vos sens tous les arts sont d'accord,
Mais au goût qui les juge ils devaient cet effort.
Où pouvaient-ils porter d'aussi justes hommages?
Quel plaisir délicat n'a droit à vos suffrages?

C'est peu que la Neustrie étale à tous les yeux

Les opulens tributs d'un sol industrieux,
Ces pressoirs ruisselans qu'un jus doré colore,
Ces basins de Déville, et ces prés où l'Aurore,
Qui n'a jamais quitté son époux d'un œil sec,
Vient mouiller de ses pleurs les madras de Bolbec;
C'est peu que d'Yvetot le royaume historique
Habille un peuple heureux des tissus qu'il fabrique,
Et d'un chorus de joie ébranlant les échos,
Célèbre le lundi sous les pommiers de Caux;
Votre gloire est plus belle, et l'antique Neustrie
N'est pas moins chère aux arts que chère à l'industrie.
Là, CORNEILLE naquit, et cet esprit puissant,
Qui créait à lui seul le théâtre naissant,
A devancé RACINE, et QUINAULT, et MOLIÈRE,
Et son laurier normand couvre la France entière;
Là, naquit FONTENELLE, astronome mondain,

Que les grâces suivaient un compas à la main;
Là, ce peintre éloquent, Poussin, dont le génie
D'un Raphael français étonna l'Italie!

Sol fécond, dans tes champs le voyageur séduit
Rencontre un souvenir en savourant un fruit :
Arques, Falaise même eut ses jours de vaillance,
Et Rouen plus fameux, où, morte pour la France,
Jeanne, qui succombait sous le joug étranger,
Léguait aux cœurs normands son malheur à venger;
Et ce clocher d'Harfleur, debout pour vous apprendre
Que l'Anglais l'a bâti, mais ne l'a pu défendre;
Enfin votre cité, cette reine des eaux,
Par un commerce actif rivale de Bordeaux,
Rivale de Toulon par plus d'une victoire,
Qui s'illustra soi-même et suffit à sa gloire.

Oui, vous deviez un temple aux filles d'Apollon :
Elles ont eu des sœurs dans ce riant vallon ;
C'est toi que j'en atteste, aimable Lafayette,
De Clève et de Nemours muse tendre et discrète,
Qui dérobas ta vie à la célébrité
En illustrant le nom que Segrais t'a prêté ;
Toi, docte Scudéri, muse plus téméraire,
Lauréat féminin d'un concours littéraire.

Mais le Hâvre a vu naître un talent créateur,
Celui qui transporta sur ce bord enchanteur
Les fables et les dieux de l'Arcadie antique*.
Tout prend sous ses pinceaux un charme poétique :
La Seine est une vierge et fuit un jeune amant ;

---

* Bernardin de Saint-Pierre.

A croire les récits de ce conteur charmant,
La pomme de discorde, offerte à trois rivales,
Se brisa dans vos champs en deux moitiés égales;
Et si des noirs pépins le germe trop fécond
A semé les procès qu'on récolte à Domfront,
La blancheur de la pomme, où l'incarnat se joue,
Embellit la Cauchoise et brille sur sa joue.
Eh! qui de vous, Messieurs, quand, propice aux vaisseaux,
La Hève, au sein des nuits, allume ses fanaux,
Quand la mer vient heurter de ses vagues plaintives
Les rivages de Leure et les pointes de Dives,
Quand le signal d'alarme annonce à vos nochers
Qu'une nef en débris se perd sur les rochers,
Qui de vous, plus sensible aux traits d'un beau génie,
Ne voit sur le tillac s'abîmer VIRGINIE?
De cet amour si pur qui n'a plaint les malheurs?

Gloire au talent divin consacré par vos pleurs!
Honneur à sa patrie! Hélas! plus d'un orage
Retraça sous vos yeux cet immortel naufrage;
Plus d'une fois aussi le Hâvrais généreux,
Élancé dans les flots et repoussé par eux,
Pour l'humanité seule affronta la tourmente
Que PAUL au désespoir bravait pour une amante;
Il affronta la mort, quand l'obus en passant
Creusait sous ses éclats le gallet jaillissant,
Et qu'aux cris des vainqueurs, aux clameurs de la ville,
Aux bravos répétés des coteaux d'Ingouville,
L'amiral ennemi, foudroyé par nos forts,*
Voyait tomber ses mâts croulant sur ses sabords.
Mais la paix vous désarme et vous rend l'opulence;

---

* Sir Sidney Smith.

Recueillez ses présens : que sa douce influence
Règne aussi sur les mers que vous devez franchir ;
Que le brick voyageur, armé pour s'enrichir
Des parfums du Niger, de l'Indus et du Phase,
S'élance du chantier qu'en glissant il embrase ;
Que du fruit cotonneux des champs américains
La poulie en criant charge vos magasins ;
Sortant à grains dorés du boucaut qui se vide,
Que le Moka pour vous s'élève en pyramide,
Et que de vos trésors quelques faibles ruisseaux,
Détournés de leurs cours, tombent dans nos bureaux.

Venez sur notre scène, à vos frais embellie,
Courtiser, chaque soir, Melpomène et Thalie....
Melpomène !... à ce nom ne vous alarmez pas ;
La muse de GRÉTRY sur elle aura le pas.

De tragiques douleurs pourraient mettre à la gêne
Les colins obligés de la troupe indigène;
Nous ferons succéder à leurs tendres accens,
Non pas d'un dieu proscrit les bandits innocens,
Mais l'heureux Vaudeville, enfant de la satire,
Dont le luth Bas-Normand naquit au Val de Vire.

Enfin nous tenterons de plus nobles efforts,
Quand Mars et quand Talma, passagers sur nos bords,
Offriront aux bravos ce talent admirable,
Qui n'imita personne et reste inimitable.

Heureux de nos autels les humbles desservans,
Si le dieu trop connu qui déchaîne les vents,
Nous épargnant au port ses sifflemens sinistres,
A nos dépens jamais ne vous prend pour ministres,

Et plus heureux l'auteur qui composa ces vers,
S'il n'a point profané des noms qui vous sont chers,
Et s'il fait partager à votre ame attendrie
Le plaisir qu'il éprouve en chantant sa patrie.

ÉPITRE.

...... Et proposui in animo meo quærere et investigare sapienter de omnibus quæ fiunt sub sole. Hanc occupationem pessimam dedit Deus filiis hominum, ut occuparentur in eâ. (Eccles., cap. I.)

ÉPITRE

A MESSIEURS

DE L'ACADÉMIE FRANÇAISE,

SUR CETTE QUESTION:

L'ÉTUDE FAIT-ELLE LE BONHEUR DANS TOUTES LES SITUATIONS DE LA VIE?

Illustres héritiers du sceptre académique,
Tous égaux en pouvoir, vous, dont la république
Offre aux regards surpris de cet accord heureux,
Quarante souverains qui sont unis entre eux;

Souffrez que la Sorbonne, armée à la légère,
Hasarde contre vous un combat littéraire.
Le bonnet de docteur couvre mes cheveux blancs,
Et pour argumenter je monte sur les bancs.

Des neuf vierges du Pinde éloquens interprètes,
Le ciel vous a dotés de ses faveurs secrètes;
Vous avez vu les fruits de vos nobles travaux
D'un public idolâtre emporter les bravos :
Soit que, les yeux en pleurs, sur la scène il contemple
Benjamin, Clytemnestre et les héros du Temple;
Que deux amis rivaux, pour corriger Paris,
Reproduisent Térence et Plaute en leurs écrits;
Soit que vous décriviez, sur le mont d'Aonie,
Les doux travaux des champs et les lois d'Uranie;
Que la grave Clio vous prête son burin,

Ou qu'Apollon vous guide, un Homère à la main.
Je le sais, une étude et constante et profonde,
Des triomphes pour vous fut la source féconde.
L'étude, à vous entendre, est un divin secours;
De l'existence entière elle embellit le cours....
Rebelle sur ce point, pardonnez si ma plume
Prouve que ces plaisirs sont mêlés d'amertume;
Que, semblable à ce mets du bossu phrygien,
L'étude est un grand mal comme un souverain bien.
Le besoin de parler m'entraîne à contredire;
Je suis vieux et docteur, passez-moi mon délire.

Heureux, heureux le tems où les premiers humains
Du temple de mémoire ignoraient les chemins!
Non pas qu'au siècle d'or ma muse les couronne

Des éternelles fleurs d'un printems monotone ;
Non que je prise fort l'innocence des mœurs,
Qui dans un lourd repos assoupit nos humeurs,
Éteint des passions les flammes immortelles ;
Il n'est point de grandeur, point de bonheur sans elles.
Humains, j'aime à vous voir en ce siècle vanté
Jouir avec excès de votre liberté.
Dans de vieux préjugés votre esprit à la gêne
N'était pas en naissant accablé sous sa chaîne ;
Vous n'aviez point payé, par d'arides travaux,
Les tristes visions qui troublent nos cerveaux ;
De la nature encor vous respectiez les voiles ;
Qui de vous disputait sur le cours des étoiles ?
Le fanatisme ardent, qui parle au nom du ciel,
Ne gonflait point vos cœurs d'arrogance et de fiel ;
Des sectes et des lois dédaignant l'esclavage,

Vous réfléchissiez moins, vous sentiez davantage;
Votre amour est farouche et tient de la fureur;
Votre prompte justice imprime la terreur;
Mais dans l'aspérité de vos vertus naïves,
Brillent du naturel les traces primitives.
J'admire plus cent fois ce lion furieux,
Qui, la gueule béante et le sang dans les yeux,
Les ongles tressaillant d'une effroyable joie,
Suit son instinct féroce et déchire sa proie,
Que ces ours baladins, sous le bâton dressés,
Étalant aux regards leurs ongles émoussés,
Leur gueule sans honneur, que le fer a flétrie,
Attributs impuissans d'une race avilie.

Las d'un libre destin, las de sa dignité,

L'homme sur ses autels plaça la vanité.
Le front chargé d'ennuis l'étude prit naissance,
Et l'erreur à sa voix détrôna l'ignorance.
L'homme a dit* : « Je sais tout et j'ai tout défini ;
« J'ai pour loi la raison, pour borne l'infini.
« L'étude me ravit à des hauteurs sublimes :
« De ce globe étonné j'ai sondé les abîmes :
« Cet élément subtil dont il roule entouré,
« Ce feu, de tous les corps le principe sacré,

---

* Locutus sum in corde meo, dicens : Ecce magnus effectus sum, et præcessi omnes sapientiâ qui fuerunt ante me in Jerusalem : et mens mea contemplata est multa sapienter, et didici.

Dedique cor meum ut scirem prudentiam atque doctrinam, errores et stultitiam ; et agnovi quod in his quoque esset labor et afflictio spiritûs. (ECCLESIASTES, cap. 1.)

« L'onde qui les nourrit de ses flots salutaires,
« N'ont pu contre mes yeux défendre leurs mystères.
« Est-il quelques secrets, cachés au fond des cieux,
« Que n'ait point pénétrés mon regards curieux?... »
Moins fier de sa raison, il eût mieux dit peut-être :
« J'ai su tout expliquer, ne pouvant tout connaître. »
L'insensé ! quels combats il s'épuise à livrer,
Pour détruire un mensonge ou pour le consacrer !
Que d'efforts malheureux, que de veilles stériles !
Qu'il érige à grands frais de systèmes fragiles !
Ptolémée, illustré par cent travaux divers*,
Dans un ciel de cristal fait tourner l'univers.

---

* Ptolémée, surnommé le Très Sage et le Divin, supposa l'existence d'un dernier ciel de cristal qui imprimait le mouvement à tous les autres.

D'autres, soumettant tout aux lois de Polymnie*,
Des cercles étoilés ont noté l'harmonie.
Si le tems nous éclaire et les a réfutés,
Le tems de mille erreurs a fait des vérités.
Tout le savoir humain n'est qu'un grand labyrinthe.
L'étude nous conduit dans cette obscure enceinte;
De son fil embrouillé, qui s'allonge toujours,
On suit péniblement les tortueux détours;
Le voyageur perdu marche de doute en doute,
Et sans se retrouver expire sur la route.

A peine un faible enfant, échappé du berceau,

---

* On connaît les idées des anciens sur l'harmonie des corps célestes. Pythagore et ses disciples avaient représenté par les sept notes de la musique les sept planètes alors connues.

A brisé ces liens qui révoltaient Rousseau,
Les Quatre Facultés, dont la voix l'endoctrine,
Épouvantent ses yeux de leur manteau d'hermine.
Certes, quand la frayeur hâte ses premiers pas,
Le chemin qu'il parcourt a pour lui peu d'appas.
Ne maudissiez-vous point Sophocle et Stésichore,
Quand, leurs vers à la main, vous ignoriez encore
Que vous deviez un jour chez nos derniers neveux
Leur disputer l'honneur d'être maudits comme eux?

Mais du collége enfin foulez aux pieds les chaînes.
O liberté! sans toi les plaisirs sont des peines!
Quel destin vous attend, si de la vérité
Le flambeau redoutable est par vous présenté!
Que de petits esprits, jaloux des noms célèbres,

Prendront contre le jour parti pour les ténèbres !
Leur nombre dangereux fait leur autorité :
Les sots depuis Adam sont en majorité.

La divinité même inspire Anaxagore * ;
D'un exil flétrissant l'arrêt le déshonore.
Les rêves d'Aristote abusaient nos aïeux :
Galilée indigné change l'ordre des cieux.
Sans pitié loin du centre il rejette la terre,
Du soleil par sa marche il la rend tributaire...

---

* Anaxagore soutint le premier qu'une intelligence divine avait présidé à l'arrangement de l'univers. Les prières de Périclès, son élève et son ami, ne purent lui épargner la honte d'être chassé d'Athènes, comme un impie.

N'a-t-il pas expié par trois ans de prison
L'inexcusable tort d'avoir trop tôt raison?

Répondez : que servit aux maîtres de la lyre
De suivre les écarts d'un immortel délire?
Faut-il d'un seul exemple attrister vos regards?
Le siècle de Louis, le siècle des beaux-arts,
N'accorda qu'à regret, vaincu par la prière,
Du pain au grand Corneille, une tombe à Molière.
Nourrissez donc le feu de vos nobles désirs;
Immolez à l'étude, état, repos, plaisirs;
Veillez, jeunes auteurs, pour qu'un jour d'injustice
De dix ans de travail renverse l'édifice.
Je veux qu'un beau succès couronne votre orgueil;
Un peuple d'ennemis vous suit jusqu'au cercueil.

Triste sort des talens ! La noire calomnie
Flétrit de ses poisons le laurier du génie ;
Mille insectes impurs en rongent les rameaux,
Et, comme le cyprès, c'est l'arbre des tombeaux.

Vous, qu'Apollon choisit pour siéger dans son temple,
Oserai-je en passant vous citer votre exemple ?
Que de fois la critique a de son trait cruel
Effleuré jusqu'au vif votre cœur paternel !
Que de fois l'indigence au fond de votre asile,
Sans feu, durant l'hiver, fixa son domicile,
Quand vous n'osiez encore, humbles dans votre orgueil
Aspirer aux honneurs de l'immortel fauteuil !

Mais sortez, direz-vous, du temple de mémoire ;
Cessez d'unir l'étude à l'amour de la gloire....

Vous m'avez prévenu; c'est dans l'obscurité
Que l'étude est un pas vers la félicité.
La vérité m'attire, et, soigneux de me taire,
Je la cherche, la trouve, et la cache au vulgaire...
La cacher! à ce mot vous répondez soudain,
Comme l'eût fait Caton dans le sénat romain:
« La cacher! il le faut, si sa clarté peut nuire;
« Mais au pied du bûcher dût-elle te conduire,
« Si tu conçois l'espoir d'être utile aux humains,
« Parle, aux fers des tyrans cours présenter tes mains.
« Parle, c'est ton devoir; philosophe, à quel titre
« Du bonheur des mortels te rendrais-tu l'arbitre?
« Tu pâlis... De quel droit priver des malheureux
« De ce dépôt sacré qui t'est commis pour eux?
« La gloire n'est, dis-tu, qu'une illustre fumée?
« Il s'agit d'une dette, et non de renommée.

« Parle au prix de tes jours; le sacrifice est grand,
« Mais tu te l'imposais toi-même en t'éclairant.
« Ton honneur, ton pays, le monde le réclame;
« Meurs donc infortuné pour ne pas vivre infâme. »

L'alternative est grave, et, parmi vous, je crois
Qu'on eût vu Fontenelle hésiter sur le choix.
Un auteur fut souvent brûlé pour un bon livre;
Il est beau d'être lu, mais il est doux de vivre.
Je suis sexagénaire et crains de m'exposer :
Que j'arrive à cent ans, et je veux tout oser.
Voilà mon sentiment, Messieurs, ne vous déplaise.
Je le redis encor, retranché dans ma thèse :
Comme ce roi Janus qu'adora l'univers
L'étude offre à mes yeux deux visages divers.
L'un est bouffi d'orgueil, mais pâle de tristesse;

L'autre, calme et riant, ressemble à la sagesse.
Le sage qui la suit, prompt à se modérer,
Sait boire dans sa coupe et ne pas s'enivrer.
Quel que soit de nos jours ou l'éclat ou le nombre,
L'existence de l'homme est le rêve d'une ombre* :
Veux-tu donc l'embellir ce rêve passager?
Pourquoi chercher au loin un bonheur mensonger?
Livre-toi tout entier à la douceur secrète
D'ensevelir ta vie au fond d'une retraite.
Sans t'épuiser en soins, sans te perdre en projets,
Laisse errer ton esprit sur la fleur des objets;
Repoussant loin du mien l'aliment qui l'accable,
Je cherche à le nourrir d'une science aimable.
J'exerce ma raison avec timidité;

---

* Σκιᾶς ὄναρ ἄνθρωποι. (PINDARE.)

J'adore sans orgueil la sainte vérité.
Virgile ou Cicéron m'enflamme à son génie;
Ils me font tour à tour fidèle compagnie.
Que j'aime Cicéron lassé du consulat,
Préférant Tusculum aux pompes du sénat!
Entouré de faisceaux, je l'admirais dans Rome;
Là, je vois l'homme heureux qui vaut bien le grand homme.

Le sort m'a-t-il repris ses présens incertains,
L'étude moins trompeuse adoucit mes chagrins;
De mes sens agités calme l'inquiétude,
Dissipe mes ennuis, peuple ma solitude.

O champs de la Neustrie! ô fertiles vallons!
Quand la fraîcheur du soir descend du haut des monts,
Sous des pommiers en fleurs, à l'ombre des vieux chênes

Laissez-moi m'égarer aux bords de vos fontaines!
L'aspect de l'univers m'élève à son auteur;
Il me révèle un Dieu, mais un Dieu bienfaiteur.
J'apprends à mépriser cette horreur fantastique,
Qu'au chevet des mourans plaça la politique.
Doit-on dans ses décrets prévenir l'Éternel?
Mortel, songe à toi-même en jugeant un mortel;
Et, faible comme lui, ne sois pas plus sévère
Que ce Dieu qui pardonne ou qui punit en père.
Avons nous à pleurer la perte d'un ami?
Notre esprit est plus fort par l'étude affermi.
Que c'est bien à mon sens la volupté suprême,
D'oublier les humains, de descendre en soi-même,
De fixer dans son cœur, trop long-tems combattu,
L'inaltérable paix que donne la vertu!
Fais-toi donc de te vaincre une douce habitude;

Oui, consacre ta force à cette noble étude ;
Elle est digne de l'homme, elle mène au bonheur:
Apprends, pour être heureux, à devenir meilleur.

Mais je vous voir sourire, auguste aréopage ;
« Docteur, me dites-vous, c'est raisonner en sage :
« Pour vous l'étude obscure a seule des douceurs ;
« Vous rimez cependant en blâmant les neuf sœurs...»
J'entends, brûlez mes vers. Dans l'ardeur d'un beau zèle
Je condamnais la gloire et l'étude avec elle.
Ingrat, je blasphémais ; leurs rêves séduisans
D'un orgueilleux espoir caressaient mes vieux ans,
Me promettaient déjà cette palme éclatante,
Digne prix qu'Apollon par vos mains nous présente ;
Dans mon cœur épuisé réveillaient des désirs,
Et réfutaient mes vers en charmant mes loisirs ;

J'étais heureux enfin. Dans cette triste vie,
Où de revers si prompts la victoire est suivie;
Où nos plus doux plaisirs deviennent nos bourreaux,
L'étude, après l'amour, est le meilleur des maux.

LIVRE TROISIÈME.

POÉSIES DIVERSES.

LES TROYENNES.

LES TROYENNES,

CANTATE.

Αλλ' ω τῶν χαλκεγχεων Τρωων
Αλοχοι μελεαι,
Και κουραι, και δυσνυμφοι,
Τυφεται Ιλιον. Αιαζωμεν.
EURIPIDE.

Aux bords du Simoïs, les Troyennes captives
Ensemble rappelaient, par des hymnes pieux,
De leur félicité les heures fugitives;
Et le deuil sur le front, les larmes dans les yeux,

8.

Adressaient de leurs voix plaintives
Aux restes d'Ilion ces éternels adieux :

CHŒUR.

D'un peuple d'exilés déplorable patrie,
Ton empire n'est plus et ta gloire est flétrie !

UNE TROYENNE.

Des rois voisins puissant recours,
Que de fois Ilion s'arma pour leur défense !
D'un peuple heureux l'innombrable concours
S'agitait dans les murs de cette ville immense :
Ses tours bravaient des ans les progrès destructeurs,
Et, fondés par les Dieux, ses temples magnifiques
Touchaient de leurs voûtes antiques
Au séjour de leurs fondateurs.

UNE TROYENNE.

Cinquante fils, l'honneur de Troie,
Assis au banquet paternel,
Environnaient Priam de splendeur et de joie :
Heureux père, il croyait son bonheur éternel!

UNE AUTRE.

Royal espoir de ta famille,
Hector, tu prends le bouclier,
Sur ton sein la cuirasse brille,
Le fer couvre ton front guerrier.
Aux yeux d'Hécube, qui frissonne,
Dans les jeux obtiens la couronne,
Pour en couvrir ses cheveux blancs;
Du ciel allumant la colère,

Déjà le crime de ton frère
T'apprête des jeux plus sanglans.

UNE JEUNE FILLE.

Polyxène disait à ses jeunes compagnes:
Dépouillez ce vallon favorisé des cieux;
C'est pour nous que les fleurs naissent dans ces campagnes;
Le printems sourit à nos jeux.
Elle ne disait pas : vous plaindrez ma misère
Sur ces bords où mes jours coulent dans les honneurs ;
Elle ne disait pas : mon sang teindra la terre
Où je cueille aujourd'hui des fleurs.

CHOEUR.

D'un peuple d'exilés déplorable patrie,
Ton empire n'est plus et ta gloire est flétrie.

UNE TROYENNE.

Sous l'azur d'un beau ciel, qui promet d'heureux jours,
Quel est ce passager dont la nef couronnée
Dans un calme profond s'avance abandonnée
Au souffle des Amours.

UNE AUTRE.

Il apporte dans nos murailles
Le carnage et les funérailles!
Neptune, au fond des mers que ton trident vengeur
Ouvre une tombe à l'adultère,
Et vous, dieux de l'Olympe, ordonnez au tonnerre
De dévorer le ravisseur.

UNE TROYENNE.

Mais non, le clairon sonne et le fer étincelle;

Je vois tomber les rocs, j'entends siffler les dards,
Dans les champs dévastés le sang au loin ruisselle,
Les chars sont heurtés par les chars.
Achille s'élance,
Il vole, tout fuit,
L'horreur le devance,
Le trépas le suit,
La crainte et la honte
Sont dans tous les yeux,
Hector seul affronte
Achille et les Dieux.

UNE AUTRE.

Sur les restes d'Hector qu'on épanche une eau pure,
Apportez des parfums, faites fumer l'encens.
Autour de son bûcher vos sourds gémissemens

Forment un douloureux murmure ;
Ah ! gémissez, Troyens ! soldats, baignez de pleurs
Une cendre si chère !...
Des fleurs, vierges, semez des fleurs !
Hector dans le tombeau précède son vieux père.

CHOEUR.

Des fleurs, vierges, semez des fleurs !
Hector dans le tombeau précède son vieux père.

UNE TROYENNE.

Ilion, Ilion, tu dors, et dans tes murs
Pyrrhus veille enflammé d'une cruelle joie ;
Tels que des loups errans, par des sentiers obscurs,
Les Grecs viennent saisir leur proie.

UNE AUTRE.

Hélas! demain, à son retour,
Le soleil pour Argos ramènera le jour;
Mais il ne luira plus pour Troie.

UNE TROYENNE.

O détestable nuit! ô perfide sommeil!
D'où vient qu'autour de moi brille une clarté sombre!
Quels affreux hurlemens se prolongent dans l'ombre!
Quel épouvantable réveil!

UNE JEUNE TROYENNE.

Sthénélus massacre mon frère.

UNE JEUNE TROYENNE.

Ajax poursuit ma sœur dans les bras de ma mère.

UNE AUTRE.

Ulysse foule aux pieds mon père.

UNE TROYENNE.

Nos palais sont détruits, nos temples ravagés;
Femmes, enfans, vieillards, sous le fer tout succombe,
Par un même trépas dans une même tombe
Tous les citoyens sont plongés.

UNE AUTRE.

Adieu, champs où fut Troie, adieu, terre chérie,
Et vous, mânes sacrés des héros et des rois,
Doux sommets de l'Ida, beau ciel de la patrie,
Adieu pour la dernière fois!

UNE TROYENNE.

Un jour, en parcourant la plage solitaire,

Des forêts le tigre indomté
Souillera de ses pas l'auguste sanctuaire,
Séjour de la divinité.

UNE TROYENNE.

Le pâtre de l'Ida, seul près d'un vieux portique,
Sous les rameaux sanglans du laurier domestique,
Où l'ombre de Priam semble gémir encor,
Cherchera des cités l'antique souveraine,
Tandis que le bélier bondira dans la plaine
Sur le tombeau d'Hector.

UNE AUTRE.

Et nous, tristes débris, battus par les tempêtes,
La mer nous jettera sur quelque bord lointain.

UNE AUTRE.

Des vainqueurs nous verrons les fêtes ;
Nous dresserons aux Grecs la table du festin.
Leurs épouses riront de notre obéissance ;
Et dans les coupes d'or où buvaient nos aïeux,
Debout, nous verserons aux convives joyeux
Le vin, l'ivresse et l'arrogance.

UNE TROYENNE.

Chantez cette Ilion proscrite par les dieux ;
Chantez, nous diront-ils, misérables captives,
Et que l'hymne troyen retentisse en ces lieux.
O fleuves d'Ilion, nous chantions sur vos rives,
Quand des murs de Priam les nombreux citoyens,
Enrichis dans la paix, triomphaient dans la guerre ;

Mais les hymnes troyens
Ne retentiront plus sur la terre étrangère!

UNE AUTRE.

Si tu veux entendre nos chants,
Rends-nous, peuple cruel, nos époux et nos pères,
Nos enfans et nos frères!
Fais sortir Ilion de ses débris fumans!
Mais, puisque nul effort aujourd'hui ne peut rendre
La splendeur à Pergame en cendre,
La vie aux guerriers phrygiens,
Sans cesse nous voulons pleurer notre misère,
Et les hymnes troyens
Ne retentiront pas sur la rive étrangère.

CHOEUR.

Adieu, mânes sacrés des héros et des rois!

Adieu, terre chérie !
Doux sommets de l'Ida, beau ciel de la patrie,
Vous entendez nos chants pour la dernière fois !

DANAÉ.

DANAÉ.

... Εὗδε βρέφος, εὑδέτω δὲ πόντος
Εὑδέτω ἄμετρον κακόν.

Simonide.

Les ministres fougueux du tyran d'Éolie
Troublaient au loin les airs de leurs longs sifflemens,

Et des rochers émus jusqu'en leurs fondemens
Amphitrite insultait la cime ensevelie
Sous ces monts écumans.
Un torrent pluvieux s'échappait des nuages,
Et les pâles clartés que vomissaient leurs flancs
Sillonnaient les flots turbulens
De cet océan sans rivages.

Le front déjà voilé des ombres du trépas,
Seule sur un esquif, Danaé gémissante
Levait au ciel ses yeux éteints par l'épouvante,
Ses yeux.... Son jeune fils reposait dans ses bras.

Enfin, avec transport sur son cœur elle presse
Ce fils, l'unique objet de ses mornes douleurs,
Puis de ses froides mains doucement le caresse,
Et lui dit, le couvrant de baisers et de pleurs :

« Si jeune tu ne peux connaître
« Toute l'horreur de notre sort;
« Pauvre enfant, tu souris peut-être
« Au flot qui t'apporte la mort.

« Phébé, que ton céleste frère
« Abaisse ses regards sur moi ;

« Fils de Latone, souviens-toi
« Des infortunes de ta mère.

« Hélas! rallumant son flambeau,
« Que l'Aurore tarde à paraître;
« Dieux! quelle nuit et quel berceau
« Pour un enfant qui vient de naître!

« O mon fils! il n'est plus d'espoir!
« Déjà l'abyme nous dévore :
« Sur mon sein je te presse encore,
« Mais je ne dois plus te revoir. »

Cependant Jupiter a tressailli de crainte :

Pâle, il s'est élancé, le courroux dans les yeux :
C'est un père, un amant, c'est le maître des Dieux;
Il porte sur son front cette majesté sainte,
Qui consterne la terre et fait trembler les cieux :
La foudre à son aspect se tait épouvantée;
A ses pieds les autans déposent leur fureur :
De la voûte du ciel, qu'elle avait insultée,
        La mer précipitée
Dans ses gouffres sans fond retombe de terreur.
Il parle; Danaé tremble à sa voix chérie,
Se courbe sous sa gloire, et frisonne, et s'écrie :

« Grâce, Dieu redouté, ne nous consume pas
« De l'éclat dévorant dont ta gloire est armée.

« Et toi, lève, ô mon fils! ta tête inanimée;
« C'est ton père, tends-lui les bras!

« Il m'exauce, aucun bruit ne frappe mes oreilles;
« La nuit a rallumé ses astres radieux;
« Tu souris, tes beaux yeux se ferment, tu sommeilles;
« Dors, mon fils, sur la foi des Dieux. »

Elle dit, et l'esquif, sous un ciel sans nuage,
Poussé par les zéphyrs, glisse jusqu'au rivage.
Danaé sur des fleurs dépose son trésor,
Cet enfant, qu'à regret les flots semblent lui rendre,
L'écoute respirer, l'entend, l'écoute encor,

Ne peut se lasser de l'entendre,
Et, le cœur agité d'un doux frémissement,
Sentant son sein pressé par la bouche vermeille
De l'enfant qui s'éveille,
Rend un pieux hommage à son céleste amant.

ANTIGONE

ET

ISMÈNE.

ANTIGONE ET ISMÈNE,

PLEURANT SUR LEURS FRERES.

Ἴτω δάκρυα,
ἴτω γόος.
ESCHYLE.

ANTIGONE.

Eclatez, mes sanglots!

ISMENE.

Coulez, coulez, mes pleurs!

ANTIGONE.

Tu frappes et péris.

ISMÈNE.

En immolant tu meurs.

ANTIGONE.

Son glaive te renverse.

ISMÈNE.

Et sous ton glaive il tombe.

ANTIGONE.

Même âge.

ISMÈNE.

Même sang.

ANTIGONE.

Et bientôt même tombe.

O frères malheureux !

ISMÈNE.

Plus misérables sœurs !

ANTIGONE.

Eclatez, mes sanglots!

ISMÈNE.

Coulez, coulez, mes pleurs!

ANTIGONE.

Mes yeux se couvrent de ténèbres;
Mon cœur succombe à ses tourmens.

ISMÈNE.

Ma voix, lasse de cris funèbres,
S'éteint en sourds gémissemens.

ANTIGONE.

Quoi! périr d'une main si chère!

ISMÈNE.

Quoi! percer le cœur de son frère!

ANTIGONE.

Tous deux vainqueurs !

ISMÈNE.

Vaincus tous deux !

ANTIGONE.

O récit qui me désespère !

ISMÈNE.

O spectacle encor plus affreux !

ANTIGONE.

Où les ensevelir ?

ISMÈNE.

A côté de leur père :

Il fut infortuné comme eux.

ANTIGONE.

O mon cher Polynice !

ISMÈNE.

Étéocle ! ô mon frère !

ENSEMBLE.

Et nous plus misérables sœurs !

ANTIGONE.

Éclatez, mes sanglots !

ISMÈNE.

Coulez, coulez, mes pleurs !

HYMNE A VÉNUS.

HYMNE A VÉNUS.

...... Hominum divùmque voluptas.
Alma Venus! LUCRÈCE.

VÉNUS, ô volupté des mortels et des dieux!
Ame de tout ce qui respire,
Tu gouvernes la terre, et les mers, et les cieux,
Tout l'univers reconnaît ton empire!
Des êtres différens les germes précieux,
Qui dorment dispersés sous la terre ou dans l'onde,
Rassemblés à ta voix féconde,
Courent former les corps que tu veux enfanter.

Les mondes lumineux roulent d'un cours paisible,
L'un vers l'autre attirés, unis sans se heurter,
Par ton influence invisible!

Tu parais, ton aspect embellit l'univers :
Je vois fuir devant toi les vents et les tempêtes :
L'azur éclate sur nos têtes;
Un jour pur et divin se répand dans les airs.

L'onde avec volupté caresse le rivage;
Les oiseaux, palpitans sous leur toit de feuillage,
Célèbrent leurs plaisirs par de tendres concerts.
Des gouffres de Thétis tous les monstres informes
Font bouillonner les flots amers
Des élans amoureux de leurs masses énormes.
Les papillons légers se cherchent sur les fleurs,

Et par un doux hymen confondent leurs couleurs.
L'aigle suit dans les cieux sa compagne superbe :
Les serpents en sifflant s'entrelacent sous l'herbe :
Le tigre dévoré d'une indomptable ardeur,
Terrible, l'œil sanglant et la gueule écumante,
Contemple, en rugissant d'amour et de fureur,
La sauvage beauté de son horrible amante.

Tout ressent de Vénus la puissante chaleur;
Tout produit : les vallons, les fleuves, les montagnes.
La rose se parfume et le chêne verdit;
Au fond de l'Océan la perle s'arrondit,
Et les palmiers en fleurs fécondent leurs compagnes.

Cependant les Sylvains, brûlés des mêmes feux,
Pressent la nymphe palpitante

Qui tremble, dans leurs bras nerveux,
Et de désir et d'épouvante!....

La déesse sourit aux mortels enchantés :
Elle entend s'élever du milieu des cités,
De l'épaisseur des bois, du sein des mers profondes,
Un murmure confus de cent bruits amoureux;
Et ce concert voluptueux
Est l'hommage éternel des êtres et des mondes.

ODE A NAÏS.

ODE A NAÏS.

.... Neque harum, quas colis, arborum
Te, præter invisas cupressos,
Ulla brevem dominum sequetur.

HORACE.

DÉJA l'aurore aux mains vermeilles
Sème les roses du matin;
Va, jeune esclave, sous ces treilles
Porter les coupes du festin.
Que ces flacons dont la vieillesse
Promet à la soif qui nous presse
Un nectar long-tems respecté,
Rafraîchis par des eaux limpides,

M'apportent dans leurs flancs humides
Le délire et la volupté.

C'est ainsi qu'une aimable ivresse
Loin de moi chasse la douleur.
De mes jours la mort est maîtresse :
Je suis maître de mon bonheur.
Quand l'aveugle destin l'outrage,
Amis, le véritable sage
S'enveloppe de sa vertu;
Dédaignant la plainte importune,
Il rit, et boit à la Fortune,
Qui pensait l'avoir abattu.

Des beaux arbres qui m'ont vu naître,
Les cyprès doivent seuls un jour,

Derniers compagnons de leurs maîtres,
Le suivre à son dernier séjour.
Mais que parfois la vigne encore,
Sur nos fronts, que son jus colore,
Courbe ses fortunés berceaux,
Avant que le cyprès fidèle
Balance son ombre éternelle
Sur le marbre de nos tombeaux.

O Naïs! par la mort cruelle
Quand mon arrêt sera porté,
Approche, la douleur t'appelle
Où t'appelait la volupté.
Réponds à ma voix défaillante,
Soulève ma tête tremblante,
De ton souffle viens m'embraser;

Ah! que sur tes lèvres de flamme
Je puisse déposer mon ame,
Que j'expire dans un baiser.

Alors que ma froide paupière
Pressera mes yeux à jamais,
O Naïs! pour faveur dernière,
Couronne-moi de myrtes frais.
Paré comme en un jour de fête,
Sur un bras inclinant ma tête,
Une coupe vide à la main,
J'offrirai la riante image
De ce convive heureux et sage,
Qui sommeille après un festin.

Toi-même à la clarté ravie,

Tu dois fermer tes yeux si beaux;
Mais un jour l'éternelle vie
Sortira du sein des tombeaux.
Comme deux époux de la veille,
Qu'un tendre souvenir éveille,
Aux premiers rayons du matin;
Surpris et charmés de renaître,
Ensemble nous verrons paraître
L'aurore d'un jour sans déclin.

VERSAILLES.

Devéria del.

A. Mottet sc.

VERSAILLES.

BENSERADE, BOILEAU, SÉVIGNÉ, LA BRUYÈRE,
ÉCOUTEZ EN RIANT LES CONTES D'HAMILTON;

PUBLIÉ PAR LADVOCAT, DÉCEMBRE 1823.

VERSAILLES,

ELEGIE.

Reviens, ô mon unique amie !
Dissipe un noir chagrin qui trouble ma raison.
Reviens, quitte un moment cette ville embellie
Par les arts, enfans d'Apollon,
Ce palais, ces jardins créés par le génie
De Le Nôtre et de Girardon.

Dans un séjour si fécond en prodiges
Tu ne peux entendre ma voix;
Ces lieux, pour t'arrêter, épuisent leurs prestiges:

Du travail la nature a reconnu les lois
En fertilisant ces campagnes.
Un fleuve obéissant a franchi des montagnes
Pour offrir son tribut au plus fier de nos rois.
Comme dans les jeux du théâtre,
Soigneux de présenter mille aspects différens,
Tantôt c'est un torrent que presse un lit d'albâtre;
Tantôt, pour réfléchir des traits que j'idolâtre,
Il étend le miroir de ses flots transparens.
Son onde te poursuit en ruisseaux divisée :
Elle éblouit tes yeux de ses jets éclatans,
Étincelle dans l'air, et, tombant en rosée,
Brille sur tes cheveux flottans.

Lebrun a peint sur ces portiques
Et les amours des Dieux et les horreurs de Mars;

Pour admirer ces lambris magnifiques,
Il a vu s'arrêter Luxembourg et Villars.

O chefs-d'œuvre divins! quel nouveau Praxitèle
Anima dans ces lieux et le marbre et l'airain?
Des Muses la troupe immortelle
Semble servir encor son jeune souverain;
Pour arracher sa main du chêne qui la presse,
Sous un monstre en fureur Milon se dresse encor;
Pluton, brûlant d'amour, ravit une déesse;
Mercure va parler : l'Amour a pris l'essor!...
Non, tu ne peux quitter ce palais, ces ombrages;
Je dois te pardonner de m'oublier pour eux.
Renaissez autour d'elle, errez dans les bocages,
Courtisans, magistrats et poëtes fameux :
Reviens sous ces ormeaux antiques,

O vénérable Fénélon!
Échos, répétez les cantiques
Où Racine a pleuré les malheurs de Sion!
Benserade, Boileau, Sévigné, La Bruyère,
Écoutez en riant les contes d'Hamilton;
Zéphyrs, semez des fleurs sous les pas de Ninon,
Et vous, grands de la cour, applaudissez Molière!

Là, le plus amoureux, le plus beau des mortels
En pompe a célébré ses brillans carrousels.
Mille nobles beautés entouraient la carrière,
Armaient les combattans, couronnaient les vainqueurs.
C'est là que, rayonnant d'une splendeur guerrière,
Louis fit triompher les modestes couleurs
Et le chiffre de La Vallière.
La Vallière! à ce nom quel tendre souvenir

Dans mon triste cœur se ranime!
De sa fidélité fallait-il la punir?
Le grand cœur de Louis ne fut pas magnanime:
Il brisa sans pitié ce fortuné lien.
Hélas! elle aimait trop, c'était là tout son crime,
Et ce crime est aussi le mien.

A MES AMIS.

A MES AMIS.

Fugaces......
Labuntur anni.

HORACE.

O mes amis, que ce banquet m'enchante!
J'aime ces jeux, ce désordre et ces cris,
Des vins fumans la pourpre étincelante,
Ces fruits épars et ces joyeux débris.

Dans soixante ans, quand l'âge impitoyable
Fera trembler les flacons dans ma main,
Puisse Bacchus nous rassembler à table,
Et nul de nous ne manquer au festin!

Nous chanterons d'une voix moins sonore ;
Mais que Bacchus dicte nos derniers vers :
Buvons à lui, qu'un jus brûlant colore
Nos fronts pâlis par quatre-vingts hivers !

Plongeons nos sens dans une heureuse ivresse :
Le lierre, amis, sied bien aux cheveux blancs ;
Ses rameaux verts couvrent de leur jeunesse
Les vieux ormeaux dépouillés par les ans.

AU VALLON
D'ARGENTOL.

AU VALLON D'ARGENTOL.

Quàm juvat immites ventos audire cubantem

. . . .

Aut gelidas hibernus aquas quum fuderit Auster,
Securum somnos, imbre juvante, sequi.
Hoc mihi contingat!.... TIBULLE.

RETRAITE d'Argentol, vallon tranquille et sombre,
Qu'habitent le travail, la paix et le bonheur,
Que j'aime à respirer ce reste de fraîcheur,
A l'ardeur des étés échappé sous ton ombre!
Le zéphyre se plaît dans tes longs peupliers;

Ces monts, où deux forêts balancent leur verdure,
Environnent ton sein d'une double ceinture.
Courbez-vous sur mon front, rameaux hospitaliers;
Source fraîche où ma main recueille une onde pûre,
Reviens par cent détours aux bords que tu chéris;
Poursuis, que ton murmure, en charmant mes oreilles,
Se mêle au bruit léger de cet essaim d'abeilles,
Qui vole en bourdonnant sur les buissons fleuris.
Des chênes ébranlés mutilant les racines,
Puissent les noirs torrens, dont le cours inégal
Dans un lit de gravier gronde au pied des collines,
Ne jamais obscurcir ton paisible cristal !
Puissent le dieu des champs et ses nymphes divines,
Écarter loin de toi le chasseur inhumain,
Quand, l'oreille aux aguets, sortant du bois voisin,
La biche au pied léger, ou le chevreuil timide,

Vient se désaltérer à ta source limpide.
Ah! si jamais le ciel, soigneux de mes plaisirs,
Fixe ma vie errante au milieu de ces plaines,
Je veux que leur enceinte enferme mes désirs,
Que mon travail soit libre ainsi que mes loisirs:
J'y veux couler en paix des jours exempts de peines.
Quand l'ardent Sirius blanchit l'azur des cieux,
Quel bonheur de fouler des herbes verdoyantes,
Où, dans les nuits d'hiver, quand un vent pluvieux
Vient battre à coups pressés les vitres frémissantes,
De rêver à ce bruit qui vous ferme les yeux!
Si je meurs entouré de riantes images,
Je ne veux pour tombeau que ces gazons épais.
Les passans, fatigués de quelques longs voyages,
Pourront s'y reposer sous des peupliers frais;
Mon ombre écartera de leur couche tranquille

L'insecte malfaisant, le reptile odieux :
Un regret, un soupir, en quittant ces beaux lieux,
Me paîront au-delà mes soins et mon asile.
Voilà mes seuls désirs : puissent-ils plaire aux dieux!
O vallon fortuné, paisibles promenades,
Tout ce faste imposant que Paris va m'offrir,
Ces palais, ces jardins et leurs tristes Naïades,
Du besoin de vous voir ne me sauraient guérir;
Entre vos monts altiers, au bruit de vos cascades,
Que ne m'est-il donné de vivre et de mourir!

L'ATTENTE.

L'ATTENTE.

Tutto con te mi piace,
Sia colle, o selva, o prato.
MÉTASTASE.

L'AURORE a chassé les orages :
D'un voile de pourpre et d'azur
Elle pare un ciel sans nuage ;
L'onde roule un cristal plus pur.

Sur un gazon humide encore,
Aux premiers regards du soleil,
La rose, se hâtant d'éclore,
Ouvre un calice plus vermeil,

Un zéphyr plus doux la caresse;
Les oiseaux sont plus amoureux ;
La vigne, avec plus de tendresse,
Embrasse l'ormeau de ses nœuds.

Dans ces retraites solitaires,
Tout s'embellit de mon espoir :
Frais gazons, beau ciel, onde claire,
Sauriez-vous qu'elle vient ce soir?

A MON AMI.

A MON AMI ***,

EN LUI DEMANDANT, POUR UNE VIEILLE FEMME,
UNE PLACE DANS UN HOSPICE.

Au secours d'une infortunée
La pitié m'appelle aujourd'hui,
Et je réclame ton appui
Pour adoucir sa destinée.

La faiblesse enchaîne ses pas;
Sur son front tremblant qui s'incline
L'âge accumule ses frimas :

....

Elle est bien vieille comme Alcine,
Pour sorcière, elle ne l'est pas.

Ami, sois donc sa providence :
Elle compte plus d'un rival;
Hélas! dans ce siècle fatal,
On trouve encor la concurrence
A la porte de l'hôpital.

Mon astre, dit-on, me menace
D'y mourir aux dépens du Roi!
Pour elle accorde-moi la place,
Et la survivance, pour moi.

STANCES.

STANCES.

Θανεῖν μὲ δεῖ, κᾂν μὴ θελῶ.

Anacréon.

Vivons heureux, la mort est sur nos pas,
Que du néant tout ici nous instruise,
Et la liqueur que notre soif épuise,
Et le cristal brisé dans nos ébats!
De ce flambeau la lueur passagère

Nous dit encor qu'il faut chasser l'ennui :
Buvons, amis, tandis qu'il nous éclaire ;
Chacun de nous peut mourir avant lui.

Que poursuivant nos trésors incertains,
Le voyageur traîne une vie errante,
Dispute aux flots la perle transparente,
Et les parfums aux sables africains !
L'encens lointain caché dans la Libye,
Vaut-il les fleurs dont se couvrent nos vins,
Et l'ambre épars aux rives de l'Asie
L'ambre doré qui rit sur nos raisins ?

Les descendans d'un comte ou d'un baron,

En char pompeux font voler la poussière.
Le médaillon qui brille à la portière,
Promène aux yeux l'éclat de leur blason;
Mais les coursiers gênés par mille entraves,
Étincelans d'une impuissante ardeur,
Du frein doré sont cent fois moins esclaves
Que nos barons de leur triste grandeur.

Qu'on porte envie au pontife romain;
Son corps glacé dans la pourpre frissonne,
Son front fléchit sous la triple couronne,
Les saintes clefs lassent sa faible main;
L'ennui l'assiège, et la goutte assassine,
Rongeant les nœuds de ses doigts inégaux,

Va se cacher sous la bague divine,
Dont la vertu guérit de tous les maux.

Quand l'urne d'or enfermait ses héros,
Rome honorait leurs ombres consulaires.
Pour leur bâtir des palais funéraires,
Elle épuisa les marbres de Paros.
Vaine grandeur! les ans dans leur naufrage
Ont entraîné ces pompeux monumens:
Anacréon n'a laissé qu'une page,
Qui flotte encor sur l'abîme des tems.

Lisons ses vers, imitons ses plaisirs.
Gais sans transports, délicats sans mollesse,
Sur nos besoins réglons notre sagesse;
En vains projets n'usons point nos désirs.

N'immolons pas notre belle jeunesse
Au fol sepoir d'en prolonger le cours:
Enfin rendons au néant qui nous presse,
Des jours remplis plutôt que de longs jours.

IMITATION

D'UNE SCÈNE

DE

L'HÉCUBE D'EURIPIDE.

IMITATION

D'UNE SCÈNE

DE

L'HÉCUBE D'EURIPIDE.

HÉCUBE, POLYXÈNE, ULYSSE, GARDES.

ULYSSE.

...... Forcé de remplir un devoir trop sévère,
Je viens porter le deuil dans l'ame d'une mère;

Mais Achille commande, Achille est écouté:
A regret j'accomplis l'arrêt qu'il a dicté.

HÉCUBE.

Achille, ce bourreau de toute ma famille,
Vivant, tua mon fils, mort, égorge ma fille!...
O trop heureux Hector, c'est moi qui te survis
Pour mourir chaque jour dans chacun de mes fils,
Pour rester seule au monde et périr la dernière,
Sans trouver un ami qui ferme ma paupière!

(A Ulysse qui fait un pas vers Polyxène.)

J'ai droit à la pitié, l'obtiendrai-je de toi?
Cruel, arrête!... écoute!... Ulysse, écoutez-moi!

ULYSSE.

Je sais quel saint respect tant de malheur réclame;
Parlez.

HÉCUBE.

Vous souvient-il du jour où, dans Pergame,
Caché sous un faux nom, déguisant vos projets,
Vous veniez des Troyens surprendre les secrets?
Hélène pénétra cet important mystère,
Seule, de son secret je fus dépositaire.
Ulysse, quel Troyen ne vous eût condamné?
A mes pieds, sans espoir, vous étiez prosterné,
Et, glacé par la mort à vos regards présente,
Vers moi vous étendiez une main suppliante;
N'étais-je pas alors arbitre de vos jours?

ULYSSE.

D'un seul mot votre bouche en eût tranché le cours,
Vous pouviez me punir....

HÉCUBE.

Je le devais peut-être,
Ingrat, et ma pitié ne te fit point connaître.
Je t'épargne un trépas honteux et mérité;
Tu me dois tout, l'honneur, le jour, la liberté,
Et tu veux m'accabler, et, pour reconnaissance,
Tu prends un soin cruel d'irriter ma souffrance;
Sur l'esprit des soldats, que ton art a séduit,
L'ouvrage de mes pleurs par toi seul est détruit;
Pour Achille et les Dieux c'est toi qui les décides.
Les Dieux commandent-ils à vos mains parricides
De traîner des captifs sous le couteau mortel,
Comme de vils troupeaux réservés à l'autel?
Mais je veux que, flatté d'une pareille offrande,
En faveur d'un héros le ciel vous le commande.

Est-ce à moi d'honorer de ce tribut sanglant
Celui dont les exploits ont déchiré mon flanc?
Faut-il sacrifier ma fille à sa mémoire?
Doit-elle de ses jours payer votre victoire?
Pour mourir sous vos coups quels sont ses attentats?
Elle n'a point causé nos funestes débats,
Et, brûlant sur ces bords d'une flamme adultère,
Appelé dans nos champs la famine et la guerre.
Une autre a divisé les Grecs et les Troyens,
Elle seule a perdu vos guerriers et les miens.
De son crime au tombeau qu'elle emporte la peine :
Justifiez les Dieux en punissant Hélène.
Mais respectez ma fille, épargnez mes vieux ans,
Laissez-moi cet appui de mes pas chancelans.
Près d'elle mes douleurs me semblent moins amères,
En elle je retrouve et son père et ses frères.

C'est me ravir encor tout ce que j'ai perdu
Que m'enlever ce bien par qui tout m'est rendu,
Ce doux et cher trésor qui me reste de Troie,
Mon guide, mon espoir, ma famille et ma joie.
Écoutez ma prière et soyez généreux;
Instruit par vos malheurs, plaignez les malheureux.
Ulysse, par ma voix l'équité vous supplie
De ne point opprimer qui vous sauva la vie.
Qu'un service passé vous parle ici pour nous.
Je vous vis à mes pieds, j'embrasse vos genoux;
Je vis couler vos pleurs, tournez sur moi la vue,
Contemplez l'infortune où je suis descendue.
Moi, veuve de Priam, j'implore vos regards,
Et je baise la main qui livra nos remparts:
Oui, vous nous défendrez, vous serez notre asile;
Sauvez-nous, retournez vers le tombeau d'Achille.

De remords combattu, Pyrrhus doit hésiter :
Atride à vos discours ne pourra résister.
Vous saurez dans les cœurs réveiller la clémence ;
Vous fléchirez les Grecs ; et si votre éloquence
De Calchas et des Dieux désarme le courroux,
Vous ferez plus pour moi que je n'ai fait pour vous.

ULYSSE.

Que ne m'est-il permis de remplir votre attente,
Et de soustraire aux Dieux votre fille innocente !
Si mon intérêt seul m'ordonnait d'obéir,
Je n'hésiterais pas, Hécube, à le trahir ;
Mais le salut des Grecs défend que je balance.

HÉCUBE.

Je ne puis ébranler sa féroce constance.

Ta douce voix, tes pleurs sont mon unique espoir :
Parle-lui; c'est à toi d'essayer ton pouvoir.

POLYXÈNE.

Vous détournez les yeux, Seigneur, votre courage
D'un regard suppliant redoute le langage;
Faible contre mes pleurs, il craint de s'attendrir.
Ne vous alarmez pas : je suis prête à mourir.
Quand j'ai vu de si haut s'écrouler ma fortune,
Puis-je encor regretter une vie importune?
L'hymen me promettait un illustre avenir;
Au sang de mes aïeux les rois fiers de s'unir
Déposaient à mes pieds l'orgueil du diadème.
Priam, semblable aux Dieux dont la bonté suprême
Devait de son empire éterniser le cours,
Eût régné leur égal, s'il eût régné toujours.

Ce monarque n'est plus, et moi, je suis captive.
Vous m'ouvrez une route à l'infernale rive,
Et je balancerais? et je vivrais encor,
Pour voir ma liberté marchandée à prix d'or?
Et j'irais dans les murs d'une ville ennemie
Traîner de mes destins l'horreur et l'infamie!
Un hymen flétrissant unirait, dans Argos,
La race d'un esclave à celle des héros!
Parlez; quel est le sort le plus digne d'envie :
La gloire avec la mort, l'opprobre avec la vie?
Qui choisit son destin est libre dans les fers,
Je le suis, j'ai choisi, finissez mes revers.
Au trépas, qui m'attend, sans terreur je me livre.
Console-toi, Priam, ta fille va te suivre;
Et toi, dont le courage a passé dans mon cœur,
Hector, ouvre tes bras pour recevoir ta sœur!

HÉCUBE, aux soldats.

Foulez donc sous vos pieds une mère éperdue.
Lâches, par son danger la force m'est rendue....
Qui pourra désunir nos bras entrelacés?

ULYSSE.

Aux ordres de vos rois, soldats, obéissez.

POLYXÈNE.

Ah! seigneur, épargnez sa tendresse imprudente.
Ma mère, voulez-vous qu'une foule insolente
Ose, dans ses fureurs, souiller vos cheveux blancs?
Voulez-vous qu'elle insulte à mes restes sanglans?
Et que, pour vous punir, une dernière injure
Vous condamne à les voir privés de sépulture?...

Obéissons aux Grecs, il les faut désarmer ;
A la clarté du ciel mes yeux vont se fermer.

HÉCUBE.

Sans moi dans les enfers tu descendras, ma fille !

POLYXÈNE.

Polyxène aux enfers trouvera sa famille.

HÉCUBE.

Et moi, qui vieillirai sous le poids des douleurs,
Aux flots de l'Eurotas j'irai mêler mes pleurs.

POLYXÈNE.

Pour vous aux sombres bords que dirai-je à mon père ?

HÉCUBE.

Dis-lui que ton trépas a comblé ma misere.

POLYXÈNE.

Que dire à votre Hector?

HÉCUBE.

Que Pergame n'est plus ;
Qu'Andromaque gémit dans les fers de Pyrrhus.

POLYXÈNE.

Adieu, ma mère! adieu, rivages du Scamandre!
Lieux sacrés, où demain reposera ma cendre.
Chers débris d'Ilion, tombeaux de mes aïeux,
Champs où régnait Priam, recevez mes adieux.
Vous, malheureuse Hécube, ô vous dont la tendresse
Pour un plus beau destin éleva ma jeunesse,
Ma mère, embrassez-moi... pressez-moi dans vos bras!

Je vous quitte, il le faut, ne me retenez pas.
De nos derniers tourmens épargnons-nous la vue,
Votre douleur m'accable et ma douleur vous tue....

ÉPITRE

A

M. A. DE LAMARTINE.

ÉPITRE

A

M. A. DE LAMARTINE,

SUR LA LIBERTÉ.

Captif sous mes rideaux, dont la double barrière
Enfermait avec moi la fièvre meurtrière,
J'humectais vainement mes poumons irrités
Des sirops onctueux par Charlard inventés;

Mon rhume s'obstinait, et ma bruyante haleine
Par secousse, en sifflant, s'exhalait avec peine.
Tes vers, qui m'ont sauvé, m'ont appris, un peu tard,
Qu'Apollon, pour guérir, vaut son docte bâtard;
Et je crois, plein du dieu qu'en te lisant j'adore,
Que l'oracle du Pinde est celui d'Épidaure.

Oui, tu m'as bien compris; oui, cette liberté
Qui séduit ma raison à sa mâle beauté,
Que ma muse poursuit de son ardent hommage,
Et dont mes fleurs d'un jour ont couronné l'image,
Propice à l'innocent, redoutable au pervers,
Est celle que Socrate invoque dans tes vers.
Messène l'adorait au pied du mont Ithôme,
Venise n'embrassa que son sanglant fantôme;

Son arc de l'Helvétie a chassé les Germains,
Et la flèche de Tell étincelle en ses mains.

Créé pour commander, l'homme naquit sans maître,
Et, chef-d'œuvre imparfait du Dieu qui le fit naître,
Avec l'instinct du bien vers le mal emporté,
Pour choisir la vertu, reçut la liberté.
La licence est en lui l'abus d'un droit sublime :
La liberté gouverne, et la licence opprime.
Elle seule, à nos yeux, de son front sans pudeur
Sous un masque romain déguisa la laideur,
Et de la liberté, simulacre infidèle,
Lui ravit nos respects en se donnant pour elle.
L'excès de la raison comme un autre est fatal,
Et l'abus d'un grand bien le change en un grand mal.

Pour détrôner l'abus, proscrirons-nous l'usage?
Mais quel bienfait si grand, ou quelle loi si sage,
Hors la tendre amitié, quel sentiment si beau,
Dont l'abus dangereux n'ait pas fait un fléau?
Du soupçon à l'œil faux la prudence est suivie,
Et l'émulation traîne après soi l'envie :
Pour la philosophie, un jour on m'a conté
Que son front se gonfla d'avoir trop médité,
Son cerveau douloureux s'ouvrit, et le sophisme
En sortit tout armé d'un double syllogisme;
Entre Euclide et Pascal, de l'excès du savoir
Naît le doute effaré qui regarde sans voir;
La faiblesse pour mère a l'extrême indulgence,
Et l'extrême justice est presque la vengeance.
En punissant la faute, elle insulte au malheur :

La torture, à sa voix, fait mentir la douleur.
Thémis moins rigoureuse est aujourd'hui plus juste;
Mais on la trompe encore, et sa balance auguste
N'incline pas toujours du côté du bon droit;
Son glaive tombe à faux et frappe en maladroit.
La chicane au teint jaune, aux doigts longs et difformes,
Entoure son palais du dédale des formes,
Et dans l'obscurité, les plaideurs aux abois
Sont par leurs défenseurs pillés au fond du bois.
J'ôte à ce parvenu la toge qui le pare,
Et je découvre un sot caché sous la simarre !
Que faire ? de Thémis briser les tribunaux ?
Mettre sa toque en cendre, et sa robe en lambeaux ?
Mais je vois un bandit, qui ne craint plus l'enquête,
A ma bourse, en plein jour, adresser sa requête;

Et deux plaideurs manceaux, de colère animés,
En champ clos pour leurs droits plaider à poings ferm

Noble chevalerie, autrefois ta bannière
De l'Orient pour nous rapporta la lumière.
J'aime avec l'Arioste à vanter tes exploits
Dont la justice errante a devancé les lois;
A voir tes jeux guerriers, ton amoureux servage
Adoucir de nos mœurs l'aspérité sauvage.
Mais dans leurs jeux parfois tes preux moins innocens
Ont, la lance en arrêt, détroussé les passans,
Ont levé sur l'hymen des dîmes peu morales,
Et, possesseurs armés de leurs jeunes vassales,
Opposant aux maris des remparts crénelés,
Ont plus fait d'orphelins qu'ils n'en ont consolés.

Eh bien, de nos romans bannirons-nous tes fées?
Irons-nous, de l'histoire arrachant tes trophées,
Des excès féodaux d'un fougueux châtelain
Flétrir Clisson, Roland, Bayard et Duguesclin ?

Le saint amour des rois dans sa ferveur antique
Des plus beaux dévoûmens fut la source héroïque.
Mais cet amour outré mène au mépris des lois,
Foule à pieds joints l'honneur, le bon sens et nos droits,
Sous le joug du pouvoir se jette avec furie,
Compte un homme pour tout et pour rien la patrie.
J'en conclus qu'en tous lieux, surtout chez les Français,
L'incertaine raison marche entre deux excès,
Et court, dès qu'un faux pas l'écarte de sa route,
Du bonheur qu'on espère au malheur qu'on redoute;

Ainsi qu'un clair ruisseau captif entre ses bords,
Qui sans les inonder leur verse ses trésors,
Gonflé par un orage, en un torrent se change,
Et roule sur les fleurs les débris et la fange,
Si les lois, si les arts, le bon droit, le bon goût,
Si tout admet l'excès, si l'excès flétrit tout,
Ami, la liberté n'en est pas plus complice
Que toute autre vertu dont l'abus est un vice.
A son front virginal ma main n'a pas ôté
Le bonnet phrygien qu'il n'a jamais porté.
Pourquoi donc, trop séduit d'une fausse apparence,
Nommer la liberté quand tu peins la licence?

Eh! que répondrais-tu, si quelque noir censeur
Trompé par tes accords et sourd à leur douceur,

Dans la Vierge immortelle à qui tu rends hommage,
Voulait voir cet esprit d'imposture et de rage
Qui, sur les bancs dorés d'un concile romain,
Présida dans Constance un brandon à la main;
De Jean Hus, en priant, signa l'arrêt barbare,
Au front d'un Alexandre égara la tiare,
Qui le doigt sur la bouche, au fond du Louvre assis,
Attisait les complots que soufflait Médicis,
Et poussait Charles neuf, quand ses mains frénétiques
Frappaient d'un plomb dévot des sujets hérétiques;
Qui se signant le front, l'air contrit, l'œil fervent,
Pour immoler Henri s'échappait d'un couvent;
Dont partout ajourd'hui la tortueuse audace
Se mêle en habit court aux nouveaux fils d'Ignace;
Qui prêche sous le froc, rampe sous le surplis,

Cache son embonpoint sous sa robe à longs plis ;
Malgré ses trois mentons, vante ses abstinences,
Se glisse incognito de la chaire aux finances,
Résigné, s'il le faut, à sauter du saint lieu
Dans le fauteuil royal où s'assit Richelieu ?

Mais non, ce fanatisme est l'abus que je blâme,
Il n'a pas allumé ces traits de vive flamme
Qui, par l'aigle de Meaux à ta muse inspirés;
Brillent comme un reflet de ses foudres sacrés.
Il n'a pas modulé ces sons dont l'harmonie
Semble un écho pieux des concerts d'Athalie.
Non, non, ce n'est pas lui que ta lyre a chanté ;
C'est la religion, sœur de la liberté !
Un flambeau dans les mains, les ailes étendues,

Des bras du roi des cieux toutes deux descendues,
Chez les rois de la terre ont voulu s'exiler
Pour affranchir l'esclave ou pour le consoler.
Toutes deux ont ensemble erré parmi les tombes;
Toutes deux, s'élançant du fond des catacombes,
Sous un même drapeau marchaient d'un même pas,
Répandaient la lumière et ne l'étouffaient pas.
L'une, le front paré des palmes du martyre,
Présente l'espérance aux humains qu'elle attire;
Clémente, elle pardonne avec Guise expirant,
Embrasse Fénélon d'un amour tolérant,
Guide Vincent-de-Paule, ensevelit Voltaire;
Brûle de chastes feux ces anges de la terre
Qui sans faste et sans crainte à la mort vont s'offrir
Pour sauver un malade ou l'aider à mourir.

L'autre, le casque en tête et le pied sur des chaînes,
Sourit à Miltiade, inspire Démosthènes,
Joue avec le laurier cueilli par Washington,
Et l'offre aux dignes fils des Grecs de Marathon :
Libres s'ils sont vainqueurs, et libres s'ils périssent,
Qu'un poète secourt et que des rois trahissent.
Viens, et sans condamner nos cultes différens,
Viens aux pieds des deux sœurs échanger nos sermens.
Éclairés par leurs yeux, réchauffés sous leurs ailes,
Pour les mieux adorer, unissons-nous comme elles;
Et, dans un même temple, à deux autels voisins,
Offrons nos dons divers sans désunir nos mains.

Que j'aime le tableau de ta barque incertaine
Cédant en vers si doux au souffle qui l'entraîne !

Au gré des flots mouvans, par la brise effleurés
Sous nos deux pavillons nous voguons séparés;
Mais quel que soit le bord où tende notre audace,
Pour nous montrer du doigt l'écueil qui nous menace,
Nous saluer d'un signe et d'un regard ami,
Laissons tomber la rame élevée à demi.
Demandons l'un pour l'autre une mer sans orage,
Un ciel d'azur, un port au terme du voyage,
Un vent qui nous y mène, et propice à tous deux,
M'apportant tes souhaits, te reporte mes veux.

FIN DU SECOND VOLUME.

IMPRIMERIE ET FONDERIE DE J. PINARD,
rue d'Anjou-Dauphine, n° 8.

www.ingramcontent.com/pod-product-compliance
Ingram Content Group UK Ltd.
Pitfield, Milton Keynes, MK11 3LW, UK
UKHW031842260826
14628UKWH00002B/535

9 782019 145330